BIENVENUE !

Je suis le nouveau compagnon de jeu de votre couple et, croyez-moi, je vais vous faire passer des moments inoubliables!

Si la routine vous guette et que vous avez envie de pimenter votre vie sexuelle, alors vous êtes au bon endroit!

Je vous propose de multiples jeux , questions et défis qui n'ont qu'une chose en commun......
c'est d'être très très chauds!!!

Prêts pour une aventure super HOT???

SOMMAIRE

20 défis pour pimenter votre vie de couple

20 jeux à utiliser sans modération!

Lire un roman érotique sur la plage

Sans cacher la couverture bien entendu!
Et en lisant les meilleurs passages à votre partenaire.

Arrêt voiture

Garez votre voiture au bord d'une route peu fréquentée et testez l'amour frisson, un poil exhibitionniste.

Vous baigner nus

Éloignez-vous du bord sur une plage assez déserte, retirez discrètement le bas et rapprochez-vous.

Quickie

Faites l'amour en 5 minutes chrono, n'importe quand, n'importe où.

Provoc sur la plage

Étendus sur la serviette de plage, prenez des poses suggestives, osez les mots crus dans le creux de l'oreille et l'étalage de crème langoureux.

Posez en pleine nature

Trouvez un endroit désert en pleine nature et osez la séance photo en prenant des poses érotiques.

Jouer aux inconnus au bar

On arrive au bar séparément, à quelques minutes d'écart; on se regarde. Madame demande au barman de payer un verre à monsieur et celui-ci s'approche et lui roule une pelle mémorable devant les clients éffarés

Presque nue dans la rue

Sortez nue sous un imperméable et partez faire les courses avec votre compagnon. Il trouvera toujours une occasion de tenter une caresse bien placée!

Jouer les naturistes

Passez une journée entière à la maison totalement nus

Tester un sex toy en public

L'un des deux porte le sex toy et l'autre peut activer la télécommande quand bon lui semble, pourquoi pas au restaurant ?

Faites vous entendre

· ·

Quel bonheur de laisser les
fenêtres grandes ouvertes les jours
d'été!
Profitez-en pour vous exprimer
sans retenue.

visualisation

· ·

Demandez à votre partenaire de
ne pas bouger et expliquez lui
ce dont vous avez envie dans le
détail en utilisant les mots qui
vont exciter tous ses sens

Sans sous-vêtements

Le temps des courses, d'une promenade ou d'un diner, oubliez vos sous-vêtements et n'oubliez surtout pas d'avertir votre partenaire

Ensemble devant un film

Osez le film porno ou érotique à deux

Rien que des mots

Envoyez-lui une carte postale, sans enveloppe, sur laquelle vous évoquez crûment vos derniers ou prochains ébats.

Encore des mots

Asseyez-vous face à face et simulez un orgasme avec la voix

Sans rien voir

Sortez les foulards et faites l'amour les yeux bandés

le pouvoir des fantasmes

Chacun votre tour, racontez un de vos fantasmes en utilisant des mots très suggestifs

Miam!

Choisissez des aliments aphrodisiaques. L'un des deux s'allonge et l'autre pose les aliments sur son corps et commence à déguster!

Au travail!

Pendant que l'un travaille tranquillement, l'autre passe sous le bureau (ou la table!)

Action ou Vérité?

Une soirée inoubliable en perspective!

Vous jouez à tour de rôle en demandant à votre partenaire s'il choisit "action" ou "vérité". Il ou elle doit alors réaliser une action ou répondre, sans mentir à une question

ACTION

Envoie-moi un selfie de toi nu(e)

OU 

Avec quelle célébrité aimerais-tu coucher?

ACTION

Fais-moi une danse sexy

OU

Quelle est la partie de mon corps que tu préfères?

Embrasse moi dans le cou

Quel est l'endroit le plus insolite où tu as fait l'amour?

 # ACTION

Lèche moi les tétons

OU  VÉRITÉ

Qu'est-ce que tu aimes faire lors des préliminaires?

Déshabille moi avec une seule main

Quel est le meilleur orgasme que tu as eu?

ACTION

Commande un sextoy en ligne

OU

Tu as déjà écrit des sextos?

ACTION

Fais moi un massage sexy pendant 1 minute

OU

As-tu déjà été attiré(e) par quelqu'un du même sexe?

 # ACTION

Envoie-moi un sms
sexy hot

OU 

Quel est ton plus
grand fantasme
sexuel?

ACTION

Excite moi avec un doigt pendant 10 secondes

OU

Comment s'appelait ton premier coup?

Lèche moi le dos

OU

Quels mots t'excitent?

ACTION

Tu dois me convaincre de t'acheter comme esclave sexuel et me dire ce que je pourrai faire de toi

OU 

Tu as déjà fait l'amour par téléphone?

 # ACTION

Fais moi une déclaration d'amour très chaude

OU

As-tu déjà menti sur ta vie sexuelle?

 # ACTION

Fais moi une danse du ventre pendant l minute

As-tu déjà utilisé des sex toys?

# ACTION

laisse toi prendre en photo dans la position que je choisis

OU VÉRITÉ

Quel costume tu choisirais pour un jeu de rôle sexuel?

 # ACTION

Caresse moi
tendrement le sexe

OU

Quelle est ta
proposition pour
pimenter notre vie
sexuelle?

ACTION

Essaie de m'exciter par le toucher

Dans quel endroit insolite tu aimerais faire l'amour?

 # ACTION

Mets un bandeau sur les yeux et devine quelle partie de ton corps je touche

OU

VÉRITÉ

Tu préfères me caresser avec tes mains ou avec ta bouche?

Twerke pendant 30 secondes

OU

Raconte moi ton rêve le plus sexy?

ACTION

Essaie de m'exciter avec la langue

As-tu déjà fait l'amour sous la douche?

ACTION

Mets de la crème ou de la pâte à tartiner sur mon corps et lèche- la

OU

Est-ce qu'il y a une position que tu voudrais tester?

 ACTION

Décris-moi le scenario d'un film porno que tu aimerais qu'on tourne

OU VÉRITÉ

Est-ce que tu aimerais que je te fasse un massage avec de l'huile parfumée?

ACTION

Fais moi deviner un mot que tu écris dans mon dos avec la langue

OU 

VÉRITÉ

Tu as déjà fait l'amour au travail ?

 # ACTION

Chuchote moi à l'oreille quelque chose qui va m'exciter

Quel a été ton pire rencart?

 # ACTION

Ferme les yeux et décris mon corps en détail

OU

VÉRITÉ

Est-ce que tu t'es déjà senti(e) attiré(e) sexuellement par un ou une ami(e)?

ACTION

Fais moi un massage sensuel sur tout le corps pendant 5 minutes

OU

VÉRITÉ

Avec combien de personnes as-tu couché?

ACTION

Embrasse moi partout sur les fesses et remonte jusqu'au cou

Comment s'est passé ton meilleur rendez-vous?

Lèche moi à l'endroit que je choisis

C'est quoi ta position préférée?

# ACTION

Fais moi l'amour dans la position du lotus

Tu as déjà réalisé un fantasme?

Sors dans la rue nu(e) sous un fin manteau

Tu t'es déjà filmé en train de faire l'amour?

ACTION

Allonge toi sur le dos et laisse moi te caresser pendant l minute

OU

VÉRITÉ

Tu as déjà testé l'amour à plusieurs?

 # ACTION

Verse du Champagne sur mon corps et lèche moi

OU VÉRITÉ

Qu'est-ce qui te fait jouir rapidement?

ACTION

Emmène moi dans un endroit où on n'a pas encore fait l'amour

OU VÉRITÉ

Tu pourrais me regarder pendant que je me masturbe?

ACTION

Caresse moi les yeux bandés

OU **VÉRITÉ**

Tu as des secrets sexuels à me confier?

# ACTION

Drague moi comme si on ne se connaissait pas

OU VÉRITÉ

tu aimerais qu'on s'enferme une journée entière pour faire l'amour?

# ACTION

Mets-toi tout(e) nu(e) à la fenêtre

OU

Qu'est-ce que tu veux que je te dises pendant qu'on fait l'amour?

Simule un orgasme

Sur quelle chanson tu aimerais que je te fasse un strip tease?

ACTION

Montre moi comment tu te masturbe

Tu aimerais faire l'amour dans un lieu public?

ACTION

Embrasse moi langoureusement pendant 2 minutes

OU

Quelle est la partie la plus érogène de ton corps?

ACTION

Tu as **30** secondes pour filmer dans le détail les parties de mon corps que tu veux.

OU

VÉRITÉ

Quelles sont les choses qui t'excitent le plus?

ACTION

Trouve un objet et caresse moi avec pendant 30 secondes

OU

Tu préfères en mode sauvage ou romantique?

Prépare le repas nu(e) sous un tablier

Tu l'as déjà fait avec quelqu'un dont tu ne connaissais pas le nom?

Prépare le repas nu(e)
sous un tablier

Tu aimes être
attaché(e) et
ligoté(e)?

Mime moi ta position favorite

OU 

Quelle est la meilleure chose qu'on puisse te faire au lit?

 # ACTION

Caresse l'endroit de mon corps qui t'excite le plus

OU  VÉRITÉ

Tu me laisserais te faire plaisir pendant que tu conduis?

 # ACTION

Fais moi l'amour en jouant un rôle dominant (policier par exemple)

OU

VÉRITÉ

Quel vêtement ou accessoire je dois porter pour t'exciter?

ACTION

Guide ma main en silence, pour me montrer où tu aimes être caressé

OU

VÉRITÉ

Décris mon corps en trois mots

 # ACTION

Dis moi à l'oreille, ce que tu aimerais me faire

Je rentres du travail stressé(e), comment tu m'aides à me détendre?

# ACTION

Envoie moi un sexto par jour pendant le 3 prochains jours

Qu'est-ce qui t'excite instantanément?

ACTION

Touche le sexe de ton partenaire avec les pieds

OU

Tu as déjà essayé une plage nudiste?

 # ACTION

Ton partenaire
choisit l'action

OU  VÉRITÉ

Tu préfères être
dessus ou dessous?

# ACTION

Fais moi un strip -tease

Tu as déjà nagé nu(e)?

ACTION

Embrasse mes cuisses

Tu préfères lécher ou mordre?

ACTION

Caresse 2 parties de mon corps en même temps avec la bouche et les mains

OU

VÉRITÉ

Quel a été ton meilleur orgasme?

ACTION

Caresse 2 parties de mon corps en même temps avec la bouche et les mains

OU

VÉRITÉ

sexe rasé ou avec poils?

ACTION

Envoie moi une photo de toi sexy pendant une semaine

OU 

Est-ce que tu me regardes quand je sors du lit?

Tu préfères...

Le fameux jeu du "Tu Préfères" : Demandez à votre partenaire ce qu'il ou elle préfèrerait entre deux options, toujours très HOT!!

Qu'est-ce que tu préfères?

Question 1

Une relation sans amour et beaucoup de sexe ou une relation amoureuse sans sexe?

Question 2

Un partenaire qui cuisine de façon exceptionnelle ou un expert en matière de sexe?

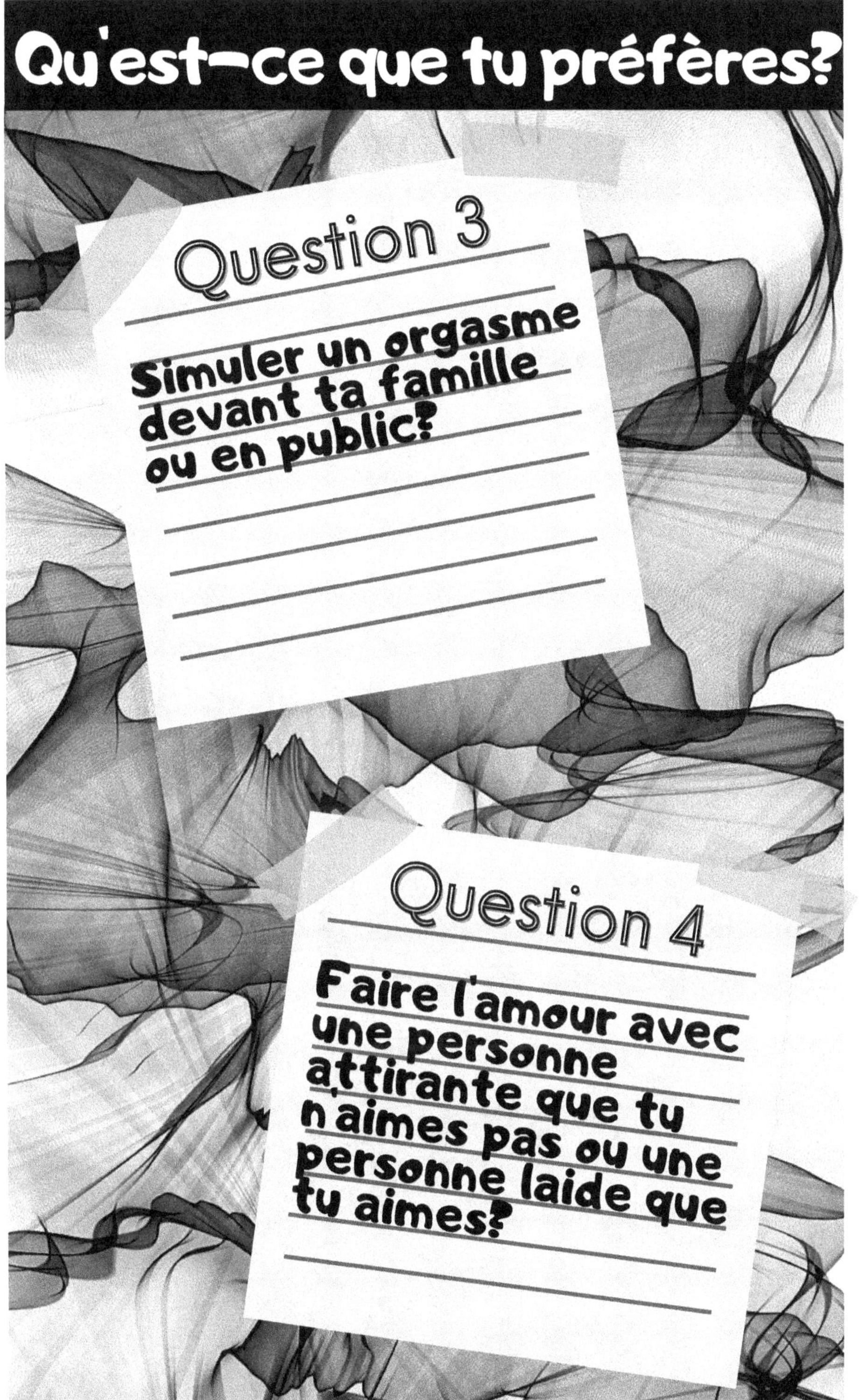
Qu'est-ce que tu préfères?

Question 3

Simuler un orgasme devant ta famille ou en public?

Question 4

Faire l'amour avec une personne attirante que tu n'aimes pas ou une personne laide que tu aimes?

Qu'est-ce que tu préfères?

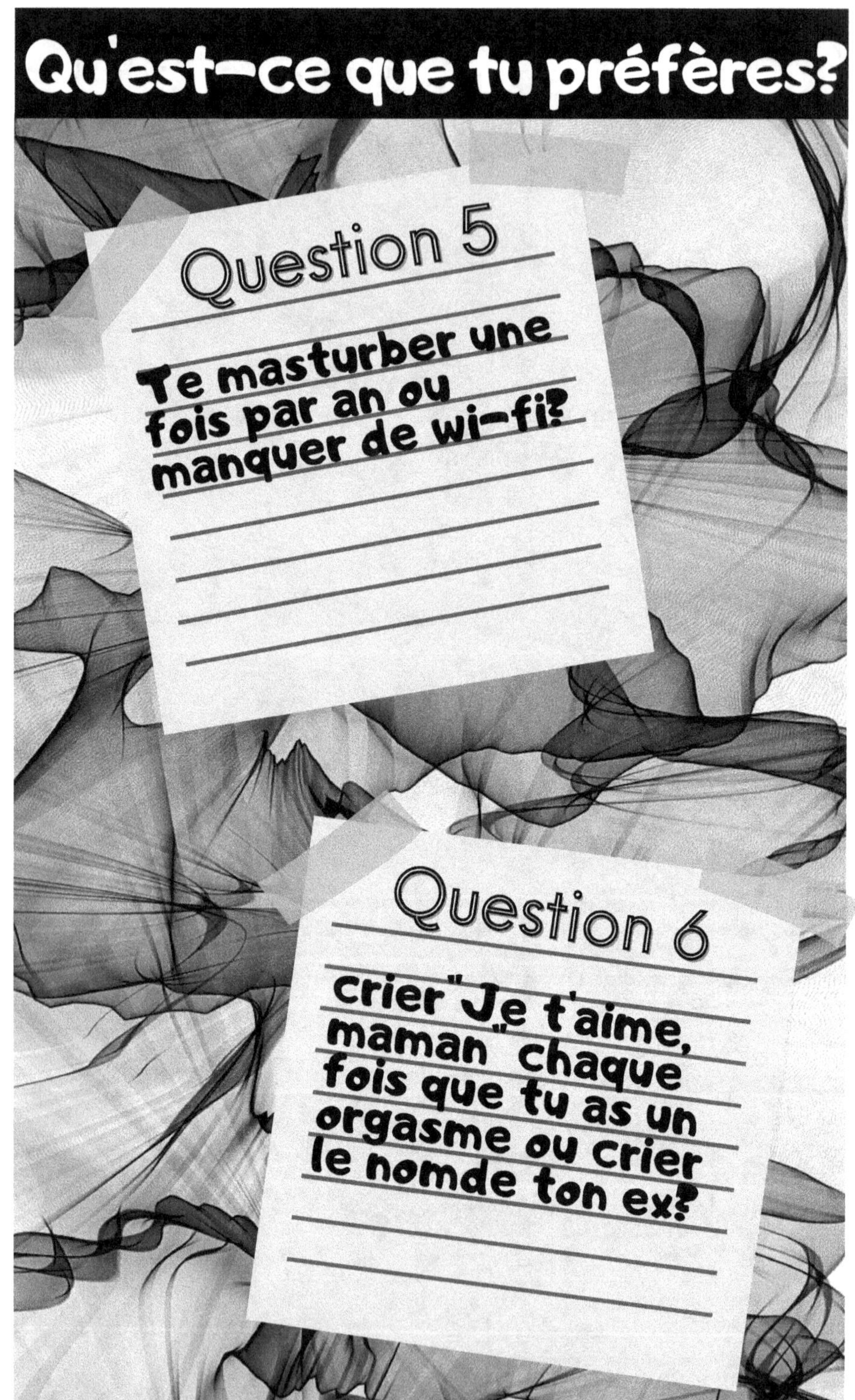

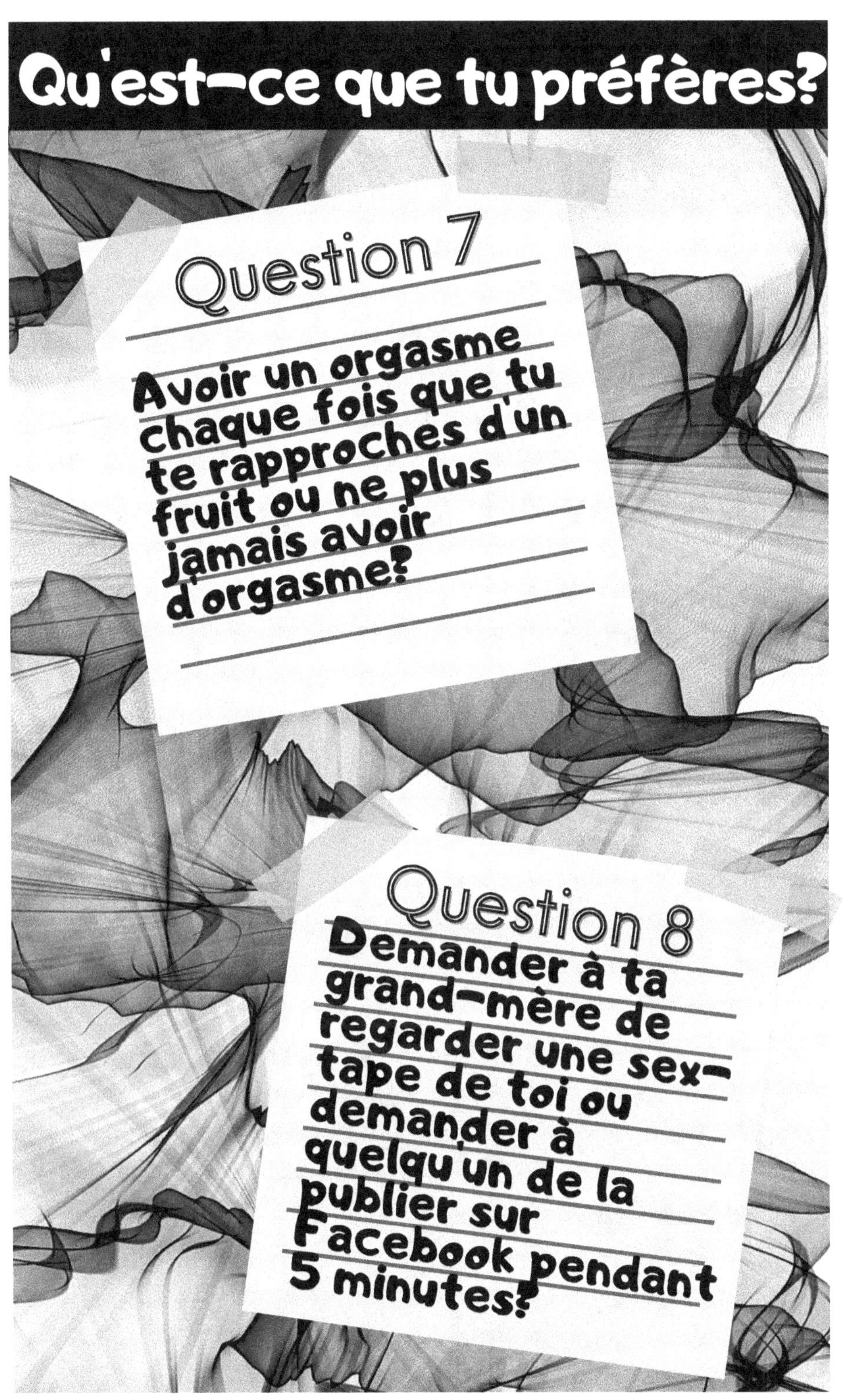
Question 7
Avoir un orgasme chaque fois que tu te rapproches d'un fruit ou ne plus jamais avoir d'orgasme?
Question 8
Demander à ta grand-mère de regarder une sex-tape de toi ou demander à quelqu'un de la publier sur Facebook pendant 5 minutes?

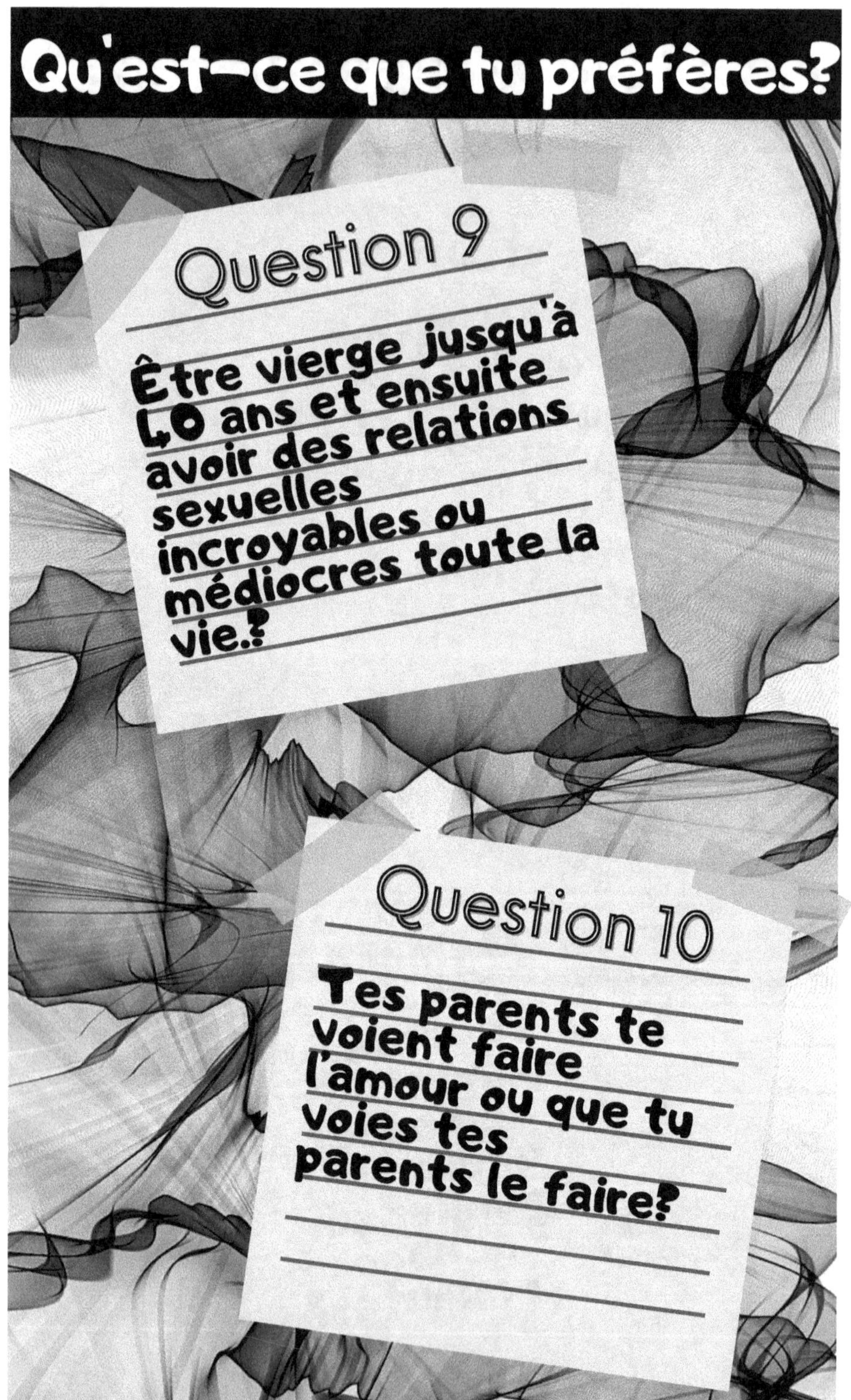
Qu'est-ce que tu préfères?

Question 9

Être vierge jusqu'à 40 ans et ensuite avoir des relations sexuelles incroyables ou médiocres toute la vie.?

Question 10

Tes parents te voient faire l'amour ou que tu voies tes parents le faire?

Qu'est-ce que tu préfères?

Qu'est-ce que tu préfères?

Qu'est-ce que tu préfères?

Question 15
Faire l'amour exclusivement dans un lit ou au contraire, devoir faire l'amour tout le temps ailleurs que dans un lit?

Question 16
Faire l'amour deux fois par trimestre mais que ce soit dinguissime ou tous les jours mais que ce soit bof bof?

Qu'est-ce que tu préfères?

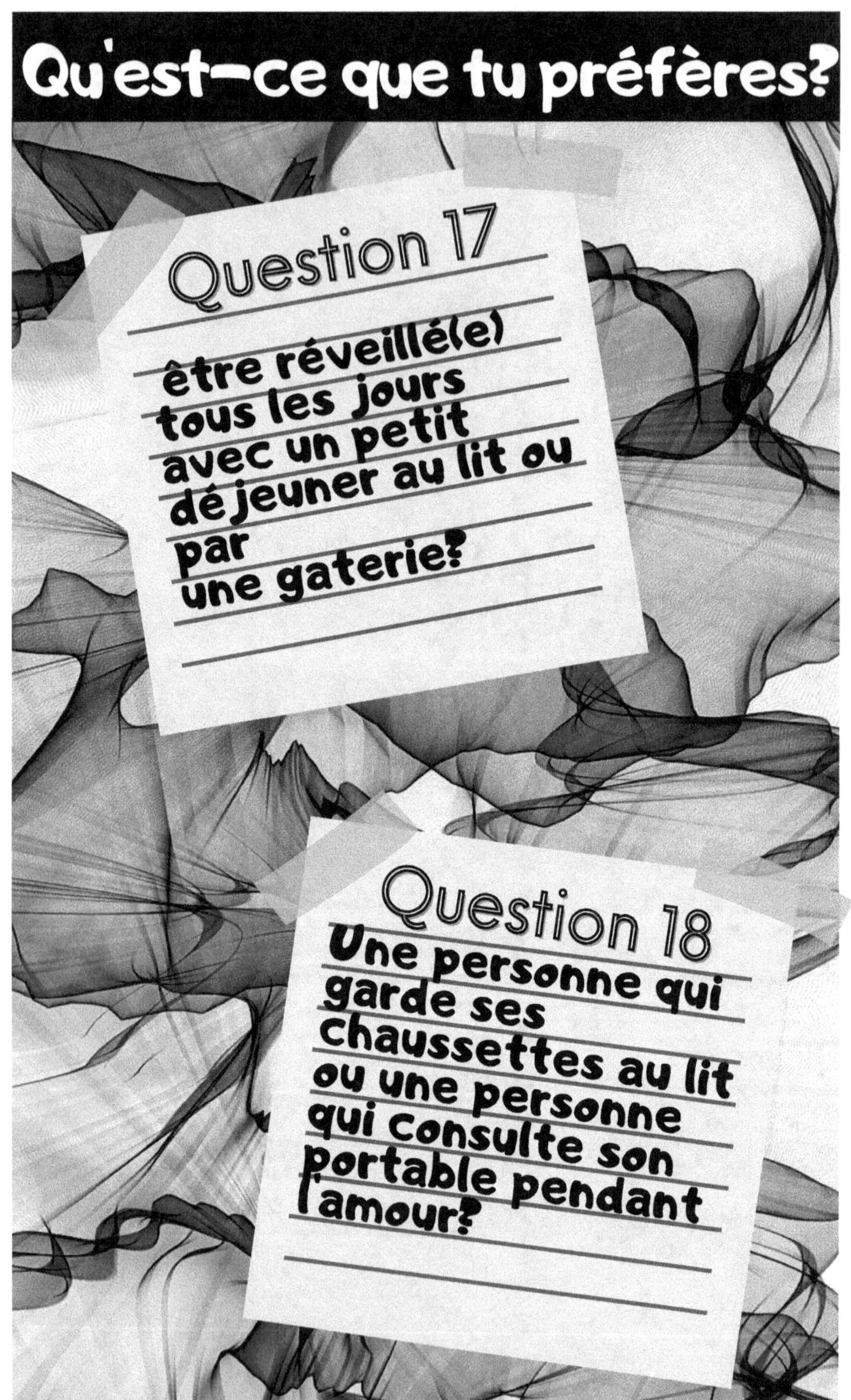

Qu'est-ce que tu préfères?

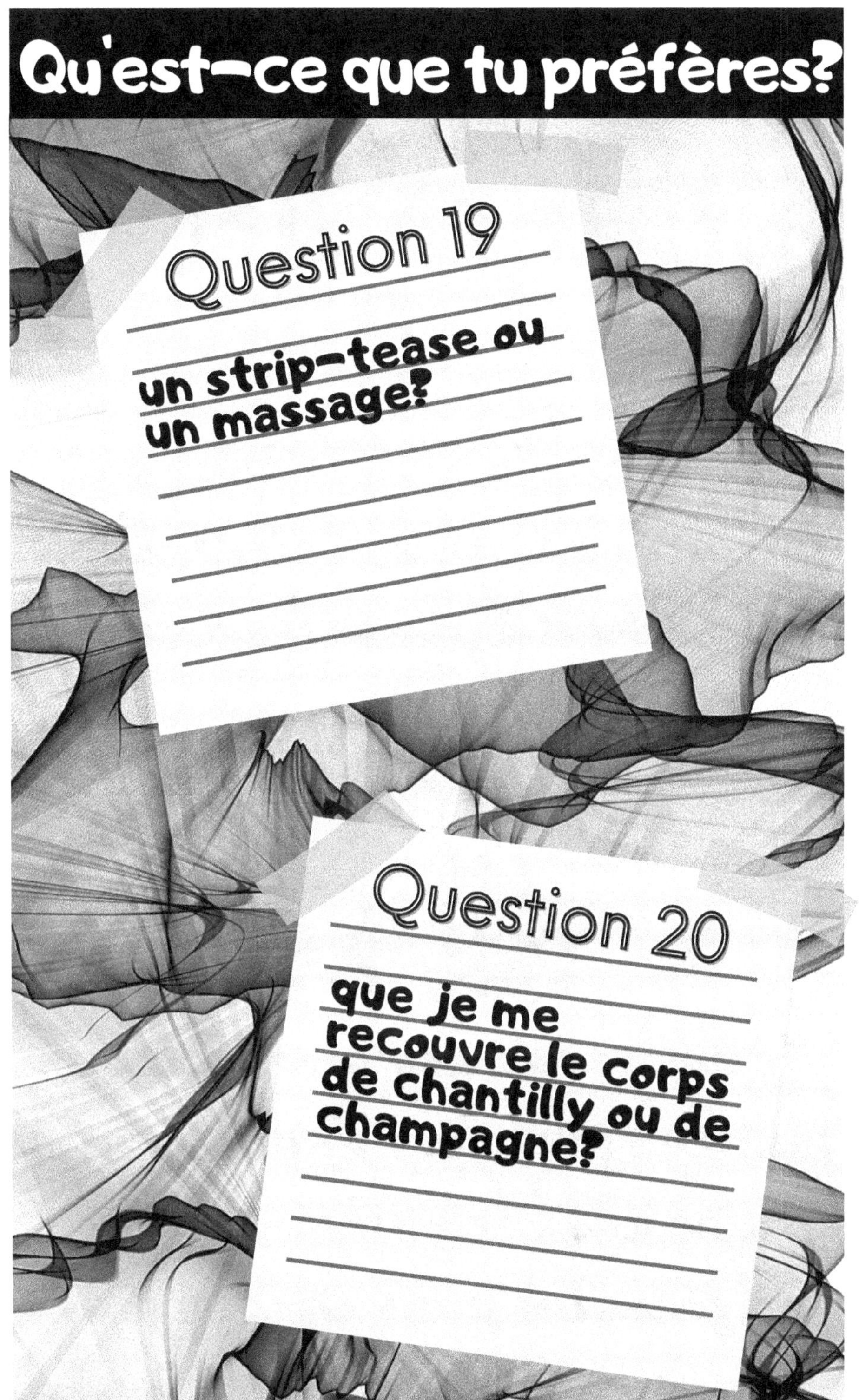

Connaissez-vous le sexe challenge?

Il s'agit d'un défi lancé par une bloggeuse américaine qui cherchait à pimenter sa vie sexuelle.

Le but est de de faire l'amour tous les jours pendant 30 jours avec des recommandations différentes pour chaque jour

Les règles à suivre sont les suivantes:

1/ chaque partenaire a le droit de modifier ou remplacer l'activité de deux jours de son choix avant le début du défi. Mais une fois celui-ci lancé, plus aucune modification n'est possible !

2/ Chaque partenaire peut bénéficier de deux jours pendant lesquels il peut choisir de faire l'amour de façon classique sans s'occuper des règles imposées.

3/ Chacun peut ajouter ce qu'il veut à la liste, à condition que les deux soient d'accord.

4/ Les vacances et les périodes de règles sont considérées comme des pauses

5/ Si vous ratez une journée, il faudra la rajouter au défi. Attention, vous ne devez pas dépasser 40 jours!

JOUR 1

Faire l'amour n'importe quand dans la journée sauf à l'heure du coucher 

JOUR 2

Tester une nouvelle position à choisir à deux

JOUR 3

Faire l'amour deux fois dans la même journée

JOUR 4

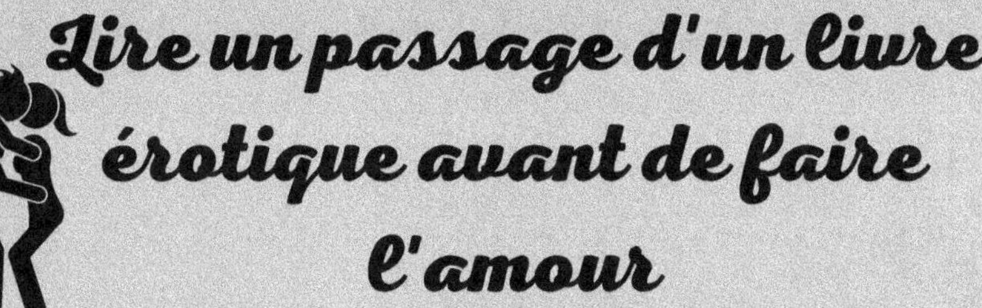

Lire un passage d'un livre érotique avant de faire l'amour

JOUR 5

Faire l'amour sous la douche

JOUR 6

Faites-vous mutuellement un massage érotique

JOUR 7

Faire l'amour en 10 mn chrono max

JOUR 8

Faire l'amour dans la voiture

JOUR 9

Faire l'amour assis, sur une chaise ou un canapé

JOUR 10

Faire un massage sexy à l'huile avant de faire l'amour

JOUR 11

Sexe oral uniquement (fellation / cunnilingus)

JOUR 12

Un dominé et un dominant (n'hésitez pas à vous servir d'accessoires: menottes, bandeaux...)

JOUR 13

Donner un orgasme à l'autre pendant les préliminaires

JOUR 14

Faire l'amour dans un endroit de la maison autre que le lit

JOUR 15

Se masturber l'un en face de l'autre

Essayer deux ou trois positions du Kama Sutra assez complexes

Utiliser des sex-toys

Regarder ensemble un film érotique

JOUR 19

Faire l'amour sans pénétration

JOUR 20

Partager ses fantasmes par texto

JOUR 21

Aller dans un sex-shop ensemble et acheter un accessoire

JOUR 22

Monsieur doit amener madame à l'orgasme sans pénétration (mains, bouche, jouets seulement)

JOUR 23

On fait l'amour normalement pendant cette petite pause

JOUR 24

Faire un jeu coquin (vous trouverez des dizaines d'idées dans ce livre!)

JOUR 25

Tester le slow sex (faire l'amour en prenant tout son temps) 

JOUR 26

Laisser l'autre dominer

JOUR 27

Manger au restaurant et se caresser sous la table ou tester la télécommande d'un jouet

JOUR 28

Avoir plusieurs orgasmes
dans la journée

JOUR 29

Jouer à pile ou face qui
dominera l'autre

JOUR 30

Faire l'amour toute la nuit